CUENTO DE LUZ

Esta colección de libros infantiles, inspirados en historias reales, nace del corazón y de la unión de la Fundación Lo Que de Verdad Importa y la editorial Cuento de Luz.

Compartimos sueños, ilusión y la misma filosofía de difusión de valores universales.

Esperamos que familias, escuelas, bibliotecas, librerías, grandes y pequeños de muchos rincones del mundo disfruten, se inspiren y se emocionen con su lectura y descubran, si aún no lo saben, lo que de verdad importa.

María Franco
Lo Que de Verdad Importa
www.loquedeverdadimporta.org

Ana Eulate
Cuento de Luz
www.cuentodeluz.com

Pablo Pineda
© 2016 del texto: Albert Bosch & Maria Sala
© 2016 de las ilustraciones: Silvia Álvarez
© 2016 Cuento de Luz SL
Calle Claveles, 10 | Urb. Monteclaro | Pozuelo de Alarcón | 28223 | Madrid | Spain
www.cuentodeluz.com
ISBN: 978-84-16733-19-4
Impreso en China por Shanghai Chenxi Printing Co., Ltd. agosto 2016, tirada número 1589-3
Reservados todos los derechos

PAPEL de PIEDRA

SIN ÁRBOLES · SIN AGUA · SIN CLORO

PABLO PINEDA

«Ser diferente es un valor».

Albert Bosch & María Sala   Ilustrado por Silvia Álvarez

Hoy, en la escuela, la maestra nos contó una historia. Todos estábamos muy atentos porque ese chico, el protagonista, existe de verdad. Y es genial porque tiene «capacidades diferentes».

¡Sí, sí! Pónganse cómodos y escuchen:

Un caluroso día de agosto, nació en Málaga el cuarto hijo de la familia Pineda. Lo llamaron Pablo.

Transcurrían días felices con el nuevo bebé. Era tierno, alegre y muy tranquilo, pero había algo diferente en la forma de sus ojos: eran distintos a los de sus hermanos.

Pasaron unos meses hasta que los padres de Pablo tuvieron la confirmación de que su hijo tenía síndrome de Down, una alteración genética. No fue fácil recibir esta noticia. Se preguntaban cómo sería su futuro, si podría valerse por sí mismo o si tendría amigos.

María Teresa, la madre de Pablo, lloraba muchas veces cuando estaba a solas con su pequeño, hasta que un día decidió que ya nunca más lo haría. Quería centrarse en ayudarlo a avanzar y progresar como una persona autónoma, sin sobreprotección ni límites para desarrollarse hasta donde él quisiera llegar en la vida.

Su padre Roque le enseñó a leer y a escribir antes de
los cinco años. Así, cuando Pablo fuera a la escuela, nadie
pondría en duda sus capacidades.

El carácter alegre y optimista de su familia marcó los primeros años de vida de Pablo. Vivieron con naturalidad una gran historia de amor y apoyo a un niño que, estaban convencidos, podría tener todas las posibilidades del mundo.

Al principio los profesores se resistían a aceptar a un niño como él y sugerían a sus padres que lo llevaran a un centro de educación especial. Pero María Teresa y Roque no cejaron en su empeño y consiguieron que su hijo pudiera entrar en la escuela ordinaria.

En la escuela conoció a un profesor
que sería muy importante en su
vida, don Miguel López Melero, que
junto con otros maestros luchó para
que Pablo no tuviera límites en su
aprendizaje y para que se le tratara
igual que al resto de sus compañeros.

Pablo aprendió muchísimo y fueron unos años felices.

De la escuela pasó al instituto y empezó a romper barreras. Nadie con sus características había cursado antes el bachillerato.

No fue fácil al principio relacionarse con un montón de chicos adolescentes, pero Pablo, con su alegría y simpatía, se los fue ganando a todos. Bueno... ¡a casi todos! De vez en cuando alguno se metía con él, lo molestaba o insultaba.

Pablo sabía que no era tan distinto, no le gustaba que se etiquetara a la gente y estaba convencido de que sencillamente había ciertas cosas que no podía hacer tan bien como la mayoría... ¡Pero otras sí! ¡Igual o mejor que muchos! Su corazón le decía que no tenía discapacidad o «necesidades especiales» sino *capacidades especiales*.

El día de su graduación fue un día especialmente feliz. ¡Qué sorpresa se llevó su familia! ¡Qué alegría cuando el director del instituto llamó a Pablo para darle el premio al mejor alumno de bachillerato!

Finalizada esta etapa, quiso seguir estudiando y estaba totalmente decidido a hacer una carrera universitaria. Pablo sabía que gran parte de lo conseguido se lo debía a sus padres y a una actitud positiva. Estaba totalmente motivado y decidió estudiar magisterio y psicopedagogía.

Cursar estudios en la universidad fue algo tremendamente excepcional. Nadie se habría imaginado nunca que alguien como Pablo llegaría tan lejos. Ese niño con *capacidades especiales*, como a él le gustaba definirse, como no creía en lo imposible, sencillamente lo logró.

Fue también una época dura. Casi siempre se sentía muy solo, observado, ninguneado y a veces marginado. Pero Pablo sabía que las dificultades solo lo hacían más fuerte. Le daban más ganas aún de esforzarse y continuar aprendiendo.

Estaba estudiando una carrera y demostrando que él podía vencer los obstáculos. «Mientras el mundo se prepara, ya lo voy haciendo yo»—pensaba Pablo.

Y así fue. Terminó la carrera y se convirtió en la primera persona europea con síndrome de Down que conseguía ser... ¡graduado universitario!

Aquel niño al que se resistían a admitir en la escuela ordinaria había hecho historia.

Tantas horas de amor y conversaciones con sus padres, tantos esfuerzos para formarse en igualdad de condiciones, lo llevaron a otra etapa de la vida. Ahora era un graduado universitario más, que debía enfrentarse al mundo real de los adultos. Contaba con la amistad de Fernando, su amigo de alma.

Con su ilusión, su carácter positivo y sus ganas de trabajar tuvo la oportunidad de obtener su primer empleo en el ayuntamiento de Málaga, pero a Pablo lo que le motivaba era rodearse de personas y especialmente de niños.

Le encantaba leer, conversar y sabía usar muy bien el lenguaje. Su sensibilidad, su sentido del humor, su personalidad inquieta y curiosa le hacían conectar muy bien con la gente. Empezó entonces a dar charlas en escuelas y conferencias.

Así fue como empezó a participar en varios eventos, donde su opinión era muy valorada. La Fundación Lo Que De Verdad Importa lo invitó a dar un ciclo de conferencias por toda España.

Pablo triunfó totalmente y descubrió su verdadera vocación. Se convirtió en un auténtico comunicador capaz de hablar de muchos temas, pero especialmente se centró en el respeto, la igualdad, la dignidad y los derechos de las personas con síndrome de Down. Personas que tenían capacidades diferentes y no discapacidad, como Pablo indicaba.

Esas capacidades diferentes le traerían aún más sorpresas: la de su faceta como escritor. Pablo publicó dos libros que fueron un éxito: *El reto de aprender* y *Niños con capacidades especiales: manual para padres*.

¡Otra sorpresa fue su estreno como actor! Unos directores de cine decidieron hacer una película inspirada en su vida y pensaron que la mejor opción era que el papel lo interpretara Pablo. El leyó el guion, se enamoró de la idea y con su energía, ilusión y coraje de siempre, aceptó el reto. La película *Yo también* obtuvo un gran éxito y Pablo fue incluso galardonado como mejor actor en el Festival Internacional de Cine de San Sebastián.

¡Tantos sueños cumplidos! ¡Y los que aún le quedan y desea con mucha ilusión! Como el de formar un día una familia y que se consiga en un futuro cercano hablar de los niños con síndrome de Down como un ejemplo de que la diversidad es un gran valor que enriquece la sociedad.

Ese chico con capacidades diferentes se había convertido en universitario, maestro, conferenciante, escritor y actor.

Como no creía en lo imposible, logró conquistar sus sueños.

Sobre la *Fundación Lo que de Verdad Importa*

La Fundación Lo Que De Verdad Importa tiene como fin la difusión de valores universales en la sociedad.

Su principal proyecto son los congresos Lo Que De Verdad Importa, dirigidos a jóvenes.

Cada año se realizan en ocho ciudades en España y en más de seis países. En ellos, varios ponentes comparten sus historias de vida, reales e inspiradoras que nos invitan a descubrir lo que verdaderamente es importante en la vida. Como la de este libro que tienes en tus manos.

Puedes acompañarnos, escuchar más testimonios y conocernos un poco más en www.loquedeverdadimporta.org

¡Nos encantará tu visita!

María Franco
Fundación Lo que de Verdad Importa